閃耀台灣 四

台灣近水部落

徐宗懋圖文館／製作

目錄

5　閃耀台灣　福照寶島
7　大江大海的原民文化

9　邵族
10　邵族人與風光明媚的日月潭
12　邵族人與日月潭的神話夢境
14　邵族乘坐日月潭的刳舟

17　鄒族
18　「家庭樂團」
20　三名出外採集的女子
22　居家生活
24　一個家庭展現民族服飾的精華
26　運送採集作物回部落
27　赤榕樹下的年輕人
28　公廨裡藤編裝載的頭骨堆
30　鄒族人的公廨
32　樹林間的公廨
33　鄒族人的獸骨堂
34　趕鳥器守護田地
35　玉山上的獵人
36　祖先的發源地：玉山峰

39　阿美族
40　村民與精湛的陶藝文化
42　穀倉前曬乾小米
44　馬蘭社公廨與文明型態
46　三名族人的住家
48　使用木臼搗麻糬的婦女
49　阿美族的墓葬
50　竹籬圍成的道路
52　婦女製作陶器的過程
53　運水的途中

55　達悟族
56　幾位族人準備乘舟出航
58　一位頭戴銀盔的族長與家族具有強烈造型感的組合
60　到處亂跑的山羊
61　年輕族人造舟的技術
62　紅頭嶼的海岸
64　海邊的紅頭部落
66　山下的朗島部落
68　依山傍海的椰油部落
70　巨岩旁的漁人部落

73 　　　附錄

74 　　　紋面泰雅族女孩的先進時尚造型

76 　　　紋面泰雅族男子之巔峰戰士造型

78 　　　穿耳的紋面泰雅族女子

80 　　　紋面泰雅族女子

82 　　　紋面泰雅族女子服飾造型

84 　　　排灣族女性漢化服飾造型

86 　　　排灣族貴族男子服飾造型

88 　　　端莊大方的排灣族少女與手紋文化

90 　　　排灣族少女華麗頭飾造型

92 　　　排灣族驍勇善戰之勇士造型

94 　　　戴耳飾的布農族女子造型

96 　　　布農族女性受漢人影響的服飾造型

98 　　　布農族叼菸斗的男子之一

99 　　　布農族叼菸斗的男子之二

100 　　阿里山鄒族纏頭巾的女子造型

102 　　阿里山鄒族勇士造型

104 　　阿里山鄒族的古典潮女造型

106 　　鄒族勇士的古典型男造型

108 　　裸著上身的達悟族婦人

110 　　達悟族男女的超奇幻造型

閃耀台灣　福照寶島

　　「閃耀台灣」系列畫冊，一套八冊，分別為《台灣城市建築 1860-1960》、《台灣鄉村景觀 1860-1960》、《台灣山鄉原民》、《台灣近水部落》、《台灣原生物產 1860-1960》、《台灣自然生態 1860-1960》、《台灣往日生活》、《台灣古早容顏》。

　　此八個主題，時間跨越清代、日本殖民時代、光復之後，涵蓋早期台灣的人文生活以及自然景觀，從人們的食衣住行育樂，到鄉野山川中的美麗景致和原始型態皆收錄其中。這些內容、材料均是徐宗懋圖文館過去 20 多年來耗費巨資購買照片原作，以及累積精湛的照片修復技術工藝，所取得歷史照片領域最高的成就。

　　這套畫冊以「閃耀台灣」為名，台灣這座島嶼無論視野所見，亦或是蘊藏的內涵，都如同寶石般閃閃發光，是閃耀的寶島，期許能將台灣這座寶島所經歷、流淌過的歷史，以照片圖文的形式，親切、大眾化的傳達給大家。簡言之，這一套書代表了閃耀的台灣，福星高照寶島，是一套傳世不朽的台灣歷史影像。

大江大海的原民文化

　　以日本的台灣原住民權威森丑之助的圖像原作為底本，使用頂尖上色技術賦予老照片新的生命。不僅結合當今的知識解說，在圖像的藝術性上也達到最高的境界，令觀者震撼不已。事實上，這些作品等於是森丑之助原作的再創作，從而取得了新的突破，可稱之為當代原住民圖像作品的巔峰。

　　《台灣近水部落》這本畫冊收錄了日本殖民時代初期，台灣居住於溪、海、湖等水域周邊的原住民，邵族、鄒族、阿美族、達悟族的生活形態與居住環境之珍貴景象。包含容貌、服飾、建築、器具、文化習俗等紀實照片，鄒族的公廨、阿美族的陶器、達悟族的拼板舟……，皆豐富地收藏於本畫冊中。

　　另外，本畫冊設有附錄，特別收錄了泰雅族、排灣族、布農族、鄒族、達悟族數張畫質清晰的人物特寫照片，衣著神情不但展現了最真實的族群部落特色，同時也富含歷史意義與藝術價值，著實珍貴難得。

　　這批品質極優的原住民歷史圖像雖然攝製於日本殖民時代初期，但也是在日本軍事力量進入原住民傳統生存領域之初，亦即，尚未對原住民強制實施社會與文化改造、興建近代設施，以及開發林山與礦物。圖像反映的山區景觀與原住民生活狀態，與兩、三百年前的情況是大致相同的。此一時期，原住民與平地或山區邊緣的漢人居民往來，交易物品、武裝衝突，或者通婚往來。有一部分的生活型態甚至可追溯至大量漢人渡海移居台灣之前。因此，透過美麗的圖像，最早滿布原始森林的台灣以及豐富多彩的原住民生態，均一覽無遺。

邵族

邵族人與風光明媚的日月潭

1910 年代，世居日月潭的邵族人，風光明媚。在台灣原住民部落中，邵族人經常與日月潭畫上等號。邵族原本居住在阿里山，後來一支朝向下山，發現了優美的水連沙（日月潭），魚類豐富，土地肥沃，於是全族遷徙至此地定居，並發展出製造獨木舟和捕魚的技術。由於地勢較低，與漢人的居住地重疊，彼此往來密切。在原住民中，邵族的漢化程度頗高。過去邵族曾被誤歸列成鄒族的旁支，或是布農族，或因近似漢人的服飾而被誤為平埔族。無論如何，邵族為日後的觀光勝地日月潭添增了豐富的民族風情，也因此地利之便，最早投入了現代觀光事業。

邵族人與日月潭的神話夢境

1910 年，邵族人在日月潭行舟，湖光山色，湖面明亮如鏡，景致充滿了詩意，亦如美麗的夢境，孕育了許多美麗的邵族民族起源的神話故事，包括先民追逐白鹿至此，隨之滿載魚穫，未婚懷孕的少女化身為貓頭鷹等等。在台灣原住民中，邵族傍湖而生，發展出淡水捕魚、獨木舟製造，以及富浪漫色彩的文藝形式，綜合不同民族的特色而成為本身獨有的特色。日本時代，日月潭興建水庫，水位提高，邵族人集體遷村，原有村落遺址均沉入水中。

邵族乘坐日月潭的刳舟

1910 年代，數名邵族人帶著獵器乘坐刳舟，四周群山繚繞。刳舟意即為獨木舟，邵族因為名稱類似、發源地也在阿里山，邵族家族內幾乎每戶都擁有 1 至 3 艘的船，也有最多可承坐 30 幾人的中型船隻，他們稱呼日月潭為 Wazaqan，並會定時舉辦拜鰻祭。

鄒族

「家庭樂團」

1910 年代，一個家庭四人以四種不同的樂器合奏，形同一個「家庭樂團」。這四種傳統樂器左至右為口簧琴、雙鼻管、口笛和弓琴。這張照片特別以鄒族演奏傳統樂器為主題，反映音樂在鄒族日常生活中的重要地位，一家大小無論成年人、青年、青少年男女等，不僅能演奏樂器，還能以樂團的形式進行合奏。台灣原住民族音樂和舞蹈天賦極高，節奏感強烈。此照片據考證為鄒族達邦社人，地點在阿里山一帶。高山峻嶺中只見四人華服繽紛，林間飄盪著清亮悠揚的曲樂，無疑美景天成。

三名出外採集的女子

1910 年代，三名女子外出採集替部落補給食材，在鄉間小徑之中稍作停留休息，女子穿著的胸衣則由棉和麻製成，是象徵成年的鄒族女子服飾。鄒族文化中對於植物與藥草的知識是十分深遠而廣闊的，同一株植物能被鄒族智慧而妥善的運用，例如構樹的皮十分堅韌，時常使用來編織採集籃子的背帶，如左下的背籃，而構樹的果實甜美多汁，則成為鄒族人的美食之一。

居家生活　（22頁）

1910 年代，幾名純真無邪的孩童與成人在自家家屋前，男子頭戴著以山羌皮鞣製而成的皮帽，上頭加入了羽毛裝飾，鄒族房屋多建於河階附近土地，由於可居住空間較狹小，有時後代族人會在附近另闢新的部落，但仍會與原部落保持聯繫，並以山林河溪作為部落之間的界線。

一個家庭展現民族服飾的精華

1910 年代，一個家庭的盛裝大合影，展現了鄒族服飾的精華，族人穿戴隆重的服飾與項鍊以留下紀念。鄒族的皮革技術高超，時常以鹿皮、羊皮製作帽子和鞋子，甚至還有護臂與護腿褲，讓出外獵捕的戰士能夠有多一層保護，而由於居住地時常臨近河溪，所以會獲取貝類並用來裝飾衣服和項鍊，鄒族服飾中常用的藍色具有和平的意義，表露出鄒族民族性格溫和的特性。

運送採集作物回部落

1910 年代，兩名婦女與兩名孩童在採集了食物以後一同運送回家，婦女們同時傳授累積多年的植物知識與經驗給孩童，教導他們如何在荒野中辨別食物。前方女子背著芋頭，一名小孩背負竹藤，另一個則扛著可能為熱帶葛藤的植物。熱帶葛藤和一般葛藤不同，可以生吃，因此成為鄒族重要的糧食。採集過後，可食用的植物裝載在角錐型的「竹背簍」裡，運送回部落。

赤榕樹下的年輕人

1910年代，一位年輕人穿著粗棉麻布製的衣服，拿著竹筒在大樹下檢視，竹筒通常是作為裝載食物的容器。後方粗碩厚實的赤榕樹被族內賦予「靈樹」之名，並予以崇拜。靈樹平常是禁止隨易觸碰的，鄒族人相信戰神會透過赤榕樹下凡人間，因此在戰祭的儀式當中，會象徵性的砍修赤榕樹枝，代表生命的替換。部落也會派勇士摘採靈樹的新枝，擺放在公廨會所的正門上。

公廨裡藤編裝載的頭骨堆

1910 年代，鄒族人的公廨裡以藤編裝載的頭骨堆。鄒族的
藤編技能高超、有各種不同的編織方法，不同的藤編法有
不同的用途，也有可能同一器具融合三、四種以上不同的
編法。公廨除了是祭祀場所外，也作為訓練戰技的場所。
由成年有經驗的獵人教導年輕族人出草，頭骨堆以藤編裝
載置於公廨，目的在於展現戰功。泰雅族人將頭骨放在竹
架上，排灣族人則置放石板架上，鄒族人則以藤編裝載，
表現其工藝特色。

鄒族人的公廨　（30頁）

1910 年代，興建於阿里山深山裡的鄒族人公廨，為木頭和
茅草搭建而成的高腳式建築。四周雜草叢生，右下側豢養
的犬隻正在等候主人，幾名日本殖民官員站在一旁。由於
阿里山有茂盛的檜木林，是殖民政府重點開發的山區，所
以大批工作人員很早就進入鄒族的傳統領域，掌控此區域
的社會秩序，並逐步轉變鄒族人的生活與工作型態，以充
分配合山林開發者計畫。

樹林間的公廨

1910年代，一座在深山樹林間的公廨，特意蓋在隱密的角落，被樹木草叢包夾圍繞著，是鄒族男子集會的場所。原住民族的干欄式建築型式非常的多樣，有穀倉、會所、涼亭、祭祀場所等等。好處是涼爽通風，也能防止淹水、蛇的入侵以及蟲害。

鄒族人的獸骨堂

1910 年代，鄒族人獸骨堂，相當於「戰功陳列館」。鄒族男子透過狩獵的戰績而獲取高等的社會階級，然後在部落內搭建獸骨堂以擺放狩獵而來的戰利品，大多是山豬頭和牙齒等等。這兩者是最能代表狩獵戰績的骨頭，獸骨堂是禁止婦女進入的。獸骨亭是男子專屬的區域，鄒族男子還會在獸骨堂中擺放狩獵用的器具以及祭拜神靈的祭祀台。

趕鳥器守護田地

1910 年代，一名鄒族人在小米田之中，綠油油的植物生長的茂盛昂然，旁邊堆疊的小石塊是為了劃立清楚田地的界線，族人身後豎立了數根高聳細瘦的竹竿，上方吊掛著削切成一片片的竹板，此物即為「趕鳥器」，過去原住民會透過線索拉扯趕鳥器製造聲響，以驅趕來偷吃小米的鳥類，類似於「稻草人」一般的作用。

玉山上的獵人

1910年代，一名鄒族族人手持獵刀身處於陡峭山壁之中，身旁環境展示了玉山的植物生態樣貌，北方鄒族認為他們的發源地是玉山，因此玉山便成為鄒族族人心中的聖山，並且對山十分的尊敬，而玉山附近山區更是鄒族過去的獵場，鄒族人也會在山上種植山葵、高山茶等等植物。

祖先的發源地：玉山峰

1910 年代，鄒族傳說中的祖先發源地玉山。森丑之助工作團隊拍的玉山一嶼，山峰連雲疊嶂，十分壯麗。1897 年 6 月 28 日，現今的玉山在當時由明治天皇命名為「新高山」，鄒族則稱其為 Panto unKoa，玉山的山峰氣勢宏偉，鄒族分布於玉山西側，相傳在鄒族的傳說中敘述著祖神是來自玉山上的一塊巨石，後來人口不斷的增加，因此族人各自下山，並分為各部落的社群。

阿美族

村民與精湛的陶藝文化

1910 年代，阿美族村落，一群男女老少族人站在陶製容器前。阿美族的陶藝文化精湛，在陶壺中設計了手把，提高了陶壺的工具性，阿美族還會透過木板敲製陶壺塑型，最左方阿美族男子的披肩設計特殊，毛線流蘇的設計可以提供保暖，後側可以看見檳榔樹種植林立，因為檳榔是阿美族男女交際、示愛的重要物品，也是節慶和聯絡感情的零食，同時也是能夠做為巫術的用品。

穀倉前曬乾小米

1910 年代，一男一女的族人在穀倉前等候大批大批的小米
粟曬乾。阿美族的主要糧食是小米，而每當小米收割之後，
則會舉行盛大的慶典活動，以感謝祭拜神靈。他們認為小
米也擁有神靈，所以在種植、收割的整個流程皆需要謹慎
嚴肅的對待，否則可能會招來禍患。傳統上阿美族的祭典、
活動幾乎是依照著小米的生長周期而運作的。

馬蘭社公廨與文明型態　（44頁）

1910 年，阿美族馬蘭社的公廨，由竹子、木材和茅草屋頂建成，有一個小圍牆和木門，已經具有庭院造型的雛型。阿美族是台灣人口最多的原住民族群，主要分布在花蓮、台東和屏東等地區。馬蘭社則分布於台東縣成功鎮、東河鄉、卑南鄉、太麻里鄉等地。公廨原意是指官署，後為公共議事的場所，或是原住民的宗教場所。此照片顯示阿美族人丁眾多，在氏族為中心的社會組織運作中，已經出現類似漢人的公共會堂的場所。事實上，在漢人社會中，協調和處理氏族和鄰里糾紛事情時，正是在廟宇等宗教場所，如此才能由「神明見證」。阿美族人亦受到漢人民間文化影響，照片中幾名少年在公廨前持長槍武器戒備，長槍的槍頭與箭頭都是用木與竹製成的。阿美族主要生活在臨海平原地區，主要是耕種小米，也有一部分的漁獵，最大的祭典是豐年祭，反映其主體已是農耕民族。

三名族人的住家

1910 年代，頭頂竹籃的婦女與兩名精瘦勇壯的獵士在自家屋前合影。阿美族是母系社會，男子多入贅至女方家中，待嫁女子會用頭巾包纏頭髮，屋前堆疊製作屋頂的茅草材料，屋旁則種植著食用植物，一般為龍葵和嫩葉，可炒煮來吃。煮湯則能做為解酒的飲料，成熟後的果實則酸甜可口。左後方為漢人耕作常用的木輪牛車，顯示阿美族已經擁有農耕文化，並且引進了漢人的生產工具和技術。

使用木臼搗麻糬的婦女

1910年代，一位婦女手持長方木臼，準備進行搗製麻糬的工作。阿美族的木臼可以分為圓臼與方臼，材料來源多為質地堅硬的樟樹或是楠木。族人會使用木杵與木臼製作麻糬、搗碎小米等糧食。麻糬的製作是將小米和糯米煮熟並趁熱放入臼內，不斷的用力去搗，使其受力而產生黏性。麻糬是阿美族人在各種慶典時常吃的食物，也是祭拜祖先時的重要祭品，且這些都是婦女專屬的工作。

阿美族的墓葬

1910年代，在山林之中的墓地，竹編的圓型柵欄為紀念性的設置。阿美族內有人臨終時，會先由家人洗淨身體且整理服裝。並在死亡當天或次日舉行埋葬，下葬前家屬會在晚上升起火堆，召集各個族人聚在一起以防外敵。阿美族是採取室外土葬的方式，在一切安排妥當後會通知親友來參加葬禮，且往生者的家屬在下葬前這段時間裡會暫時休息，由親戚來幫忙打理主要事務，並會有好友前來陪伴家屬度過喪親之痛，墳墓的位置通常都在家屋的北側，葬禮完成後則會吃魚補充精神。

竹籬圍成的道路

1910 年代，由藤與竹精密編織而成的柵欄與入口，圍著通往汲水井戶的小道，陽光從樹葉中灑落在草地上，可以看見兩旁的古樹的老根盤據叢集。過往族裡的小孩需要帶著 tayhaw，也就是盛水的水壺，穿越小徑去裝水給長輩飲用，tayhaw 即是運用竹子內部中空的特色，作為管子的功用，竹子內部的結構剛好能夠儲存水，以作竹製的水壺使用。這張照片顯示水源對於阿美族的部落生活十分重要，汲水的通道用竹籬圍住，並且通道口有一座門。前往取水也帶著莊嚴慎重的意味，這在其他部落十分罕見。

婦女製作陶器的過程

1910 年代，一名婦女正在自家屋前製作陶器，她使用木板壓制塑型雙橫把壺，旁邊有一籃竹籃裝著其他的製陶工具，旁邊兩個小的陶器，分別為公杯與母杯，是折肩圈足的酒杯。阿美族製陶時還會以卵石拍打成型，在過去製陶是少數女性的專業工作，因為必須具有辨別土質的能力，整個過程中男性是完全不參與製作的。阿美族的陶器多為生活使用取向，偶爾也作為交易的物品。

運水的途中

1910年代，三名女子在運水的路上留下合影。每天到河邊取水並裝入陶罐是阿美族女人的任務，再將陶罐頂在頭上運回部落中使用，他們頭上頂的壺是典型運水用的器型：雙橫把罐，橫把方便提取與搬運，而陶器水壺的大小則端看個人頭頂能承擔的重量，厲害的婦女還能同時背負著小孩。婦女頭上的頭巾用珠貝縫繡作為裝飾，是阿美族常見的裝飾風格之一。

達悟族

幾位族人準備乘舟出航　（56頁）

1910年代，幾位男子在沙灘上準備將船隻入海，木頭槳板已安置好等待使用，船上還有簡易的風帆。紅頭嶼是以往蘭嶼的稱呼，因為島上的巨石狀似男人頭部的側臉，且在夕陽西下時分巨石會被照的豔紅，故稱為紅頭嶼。居住在紅頭嶼的達悟族族人正準備將拼板舟下水，拼板舟的每個部位會根據功能需求而使用不同的木材，船身則會雕刻圖紋，最有名的即是船眼紋，他們相信船眼能消除災難，且在製造船隻的過程中須遵守許多嚴格的儀式，可見達悟族對待船的態度是神聖而恭敬的。由於達悟族的拼板舟造型優美，已經成為民族文化的象徵。

一位頭戴銀盔的族長與家族具有強烈造型感的組合

1910年代，一位頭戴銀盔的達悟族貴族與家族合影。達悟族世居台灣東南外海的蘭嶼島，以捕魚為生，具有捕捉飛魚和造舟的技能，是台灣原住民中唯一的海洋民族。由於住在島上，四周為汪洋大海，達悟族人無需與其他原住民部落進行殘酷的資源爭奪，加上人口少，內部社會結構較鬆散，達悟族沒有經歷頻繁慘烈的部落戰爭，無需展示戰功以懾服敵人，達悟族是台灣唯一沒有出草習俗的原住民族，其戰鬥裝備更多是儀式性的。以銀盔為例，蘭嶼並不產銀，據信是菲律賓的西班牙殖民者乘船經過蘭嶼時，留下的銀幣，再由族裡的工匠做成銀片，在模具上一片片黏貼出來的。製作銀盔是神聖的工作，工匠需有適當穿著以避邪，銀盔做成後要依習俗舉行慶典。而且，在新屋落成或新船下水儀式中，一定要戴銀盔，以示貴重。簡單說，銀盔有如王冠般的尊貴，戴銀盔的男性也必然是地位崇高的族長。此外，由於蘭嶼接近熱帶地區，氣候炎熱，達悟族的傳統服飾比較輕便，沒有裹住全身的厚重衣物，也不披獸皮。左一的男子頭穿藤盔，身穿盔甲，下穿丁字褲，屬於武士的穿扮。不過，達悟族戰事極少，這種裝扮主要是在祭典、驅邪等儀式上。男子的丁字褲並非內褲，而是正式祭典活動穿的外褲，跟日本人的習俗近似。左二的女子頭戴椰鬚禮帽，外形似廣東漢人的斗笠。椰鬚笠通常經過煙燻，以利於長期保存，故呈黑褐色。椰鬚笠由年長女子戴著去工作或參加慶典，既可遮陽，也可作為禮帽。此外，她身穿藍白相間簡便的衣服，不過胸前掛滿了貝殼、瑪瑙和玻璃珠做成的大項鍊。右邊背著孩子的婦人胸前也掛著許多大項鍊，不過仔細看，她其實是赤裸上身。這張照片十分珍貴，因為目前雖然有關於達悟族婦女赤裸上身的文字記載，但相關影像十分稀有。簡單說，達悟族與外界隔離，受外來文化影響較少，他們的穿著呈現民族獨有的特色，造型感非常強烈，而且今天包括丁字褲以及赤裸上半身掛滿大項鍊等裝扮，幾乎都是時尚雜誌封面潮男潮女的時髦造型了。

到處亂跑的山羊

1910 年代，一群群山羊結隊在部落裡行走，穿梭在曝曬飛魚的木架中，地面鋪滿大小不一的鵝卵石，鵝卵石牆有良好的排水功能。達悟族飼養羊隻，平時隨意放養牠們在環境中任意活動，只靠耳朵上打洞的記號分類是哪個家族所有，但養羊並不作為平常食用的來源，而是在祭拜與慶典時會將羊隻獻給神靈，達悟族是原住民中唯一不會釀造酒精飲料的一族、也沒有紋身與出草的文化，且他們不使用弓箭，和其他族有較不同的族群習俗。

年輕族人造舟的技術

1910 年代，幾名年輕男孩坐在簡易搭建的涼亭下，打造船隻的骨架，表情尚未擺脫稚氣，造舟是每個達悟族的男人都必須學習的技能。大船被稱為 Chinedkulan，會由整個部落共同建造，小船名為 Tatala，屬於家庭私人船。船的材料來源都會截取自不同的木材，這樣可以避免單一木材耗竭，畢竟島山大樹樹量有限，而且每一棵樹的長成都需要數十年，所以有必要控制砍伐的總量。船身紅色的來源是紅土，白色部分則是使用貝殼灰；黑色則是蒐集木材燒製的飯鍋鍋灰，船體由 21 至 27 塊不同的木板組合，整個船隻不用一根鐵釘，都是使用木釘固定的。

紅頭嶼的海岸

1910年代，紅頭嶼的海灘上停放著待出航的拼板舟船隻以及製造用的材料，族人都回部落裡休息了，沙灘看起來安寧寂靜，海面平穩而湛藍。紅頭嶼是由火山噴發形成的島嶼，四周海岸由珊瑚礁包圍。達悟族以日出和日落來表示東西方，達悟族在這個小島上與世無爭，且是最晚和外在文化、漢人等等接觸的一族。

海邊的紅頭部落　（64頁）

1910年代，居住在海邊茅草屋裡的紅頭部落。屋頂上有石頭壓著茅草定型，最左方有一群族人正在進行部落內的集體會議。右側則有族人帶著魚竿準備出行捕魚。建築旁堆砌著鵝卵石牆，因鵝卵石牆可以防止海水及雨水破壞結構，不讓它們滲透至土裡。達悟族認為家屋應該一致面向海洋，其他建築則無特別的規定。紅頭部落也是飛魚傳說的起源地，後來則形成了達悟族的飛魚祭典儀式。

山下的朗島部落

1910年代，山下的朗島部落。房屋旁仍有等待曬乾的茅草，作為替補材料的不時之需，後方是紅頭山峰群，鵝卵石鋪滿了整個土地。朗島部落是島上最大的部落，也是紅頭嶼島上六個部落當中，漁場最大、最富庶的部落。鋪滿地面的鵝卵石是達悟族人在颱風澆灌大量雨水時的相應措施。由於島嶼上有很多颱風以及常有東北季風，所以會把主屋蓋在低於地面1至2公尺深的凹洞之中，內部則分有前廊、前室、後室等三個空間，且房屋的結構會非常低矮，以避免強風來襲。

依山傍海的椰油部落

1910 年代，依山傍海的椰油部落。後方是紅頭山的另一面，部落前方的海域為他們的主要漁場，停放了好幾艘拼板舟，部落的周圍土地主要是耕作用農地和果園地。椰油部落是其他部落給予的稱呼，為團結強悍的意思，與漁人部落相鄰，現在的椰油部落是人口最多且最為現代的部落。

巨岩旁的漁人部落　（70頁）

1910 年代，漁人部落。前方的田地上種植滿滿的植物為芋頭，中間是部落裡的茅草屋樣貌，後方則是蘭嶼島上的巨岩。漁人在達悟族語的意思是平坦寬敞的地方，照片顯示漁人部落與前幾個部落地貌上明顯不同。部落房屋分布呈橫長，位在蘭嶼島南方，介於紅頭與椰油部落之間，特色是石梯型的芋頭田地。

附　錄

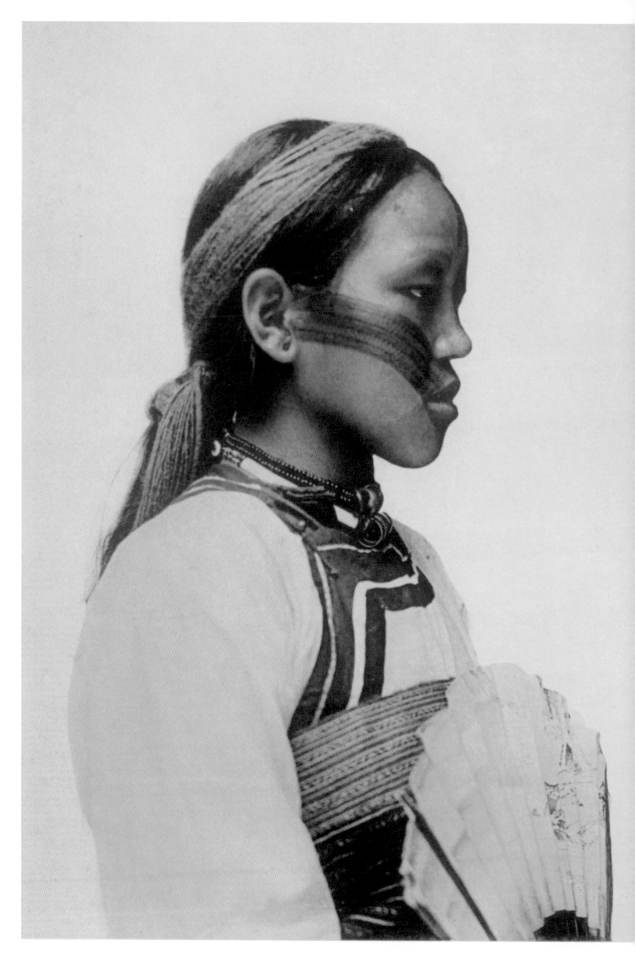

紋面泰雅族女孩的先進時尚造型之側面

1910 年代，台灣原住民權威森丑之助工作團隊拍攝的紋面泰雅族女孩的肖像側面。

74

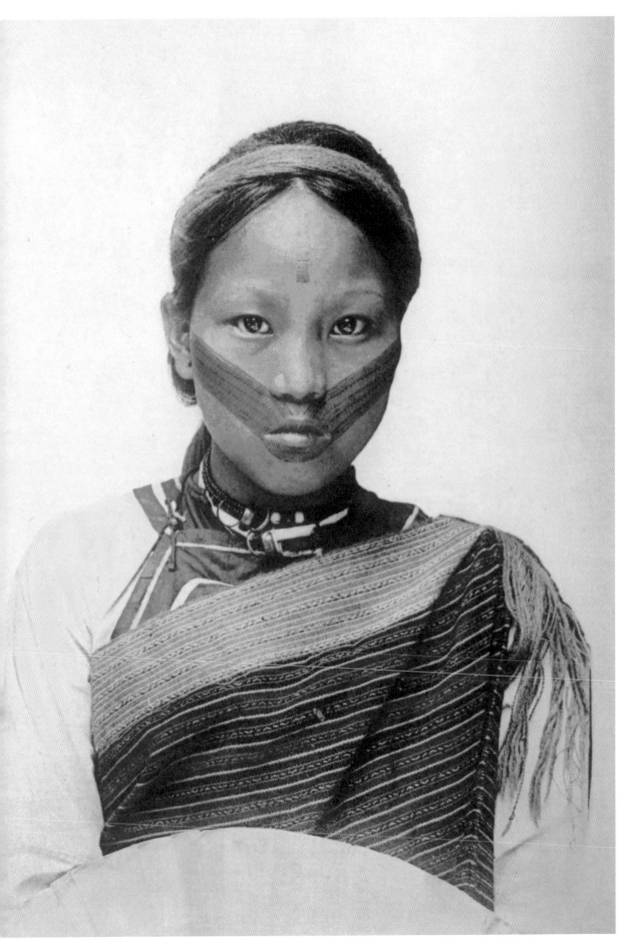

紋面泰雅族女孩的先進時尚造型

1910年代，台灣原住民權威森丑之助工作團隊拍攝的紋面泰雅族女孩的肖像。面容姣好清秀，紋面代表編織、採集、成年的象徵。日本殖民政府視紋面為落後野蠻而嚴加禁止，然而這張紋面泰雅族女孩像，一百多年後的今天觀之，卻展現了極為強烈的現代時尚造型感，不僅洋溢著青春之美，甚至帶著幾許宗教聖像的莊嚴和神聖。

事實上，以此照片強烈的造型感和美學魅力，今天任何西方著名的女性時尚雜誌必定很樂於邀請她拍攝封面照片。她無疑掌握了今天的主流地位，同時也展現了無窮的未來性。

紋面泰雅族男子之巔峰戰士造型

1910 年代，台灣原住民權威森丑之助工作團隊拍攝的紋面泰雅族巔峰戰士造型。泰雅族擅編織，作戰武勇。不同的日本文獻均記載，泰雅族極其強悍，寧死不屈，是天生的戰士。這也是日軍在實戰交手中的真實體驗。

紋面泰雅族男子巔峰戰士造型之側面

1910 年代，台灣原住民權威森丑之助工作團隊拍攝的紋面泰雅族顛峰戰士造型之側面。

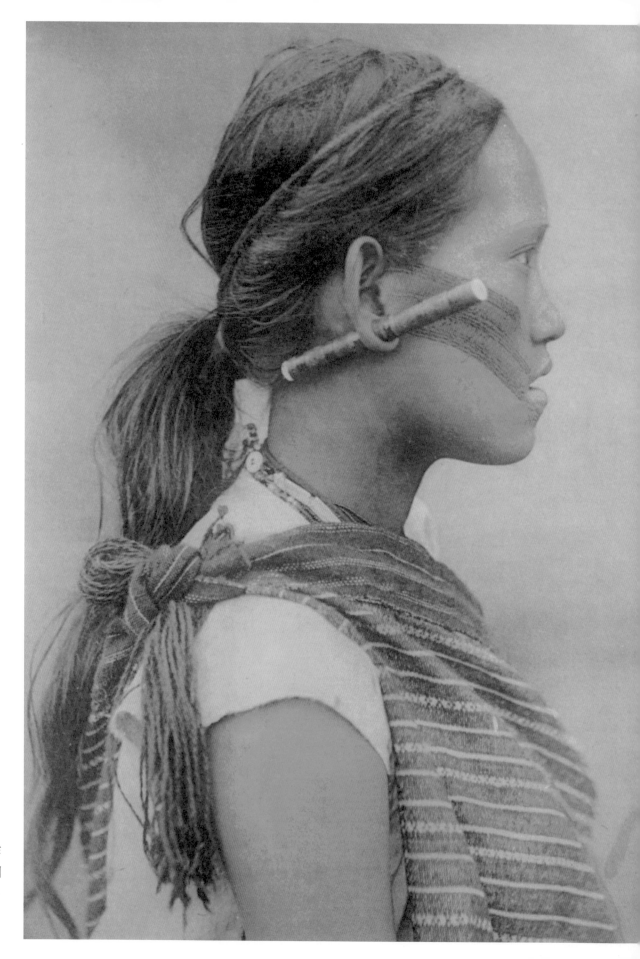

穿耳的紋面泰雅族女子之側面

1910 年代，台灣原住民權威森丑之助工作
團隊拍攝的穿耳紋面泰雅族女子的肖像側
面。

穿耳的紋面泰雅族女子

1910年代，台灣原住民權威森丑之助工作團隊拍攝的穿耳紋面泰雅族女子的肖像。泰雅族傳統的穿耳習俗稱為 prahan，泰雅族人認為穿耳是帥氣與美麗的表現，飾品的多寡也是地位的象徵。無論男女，約在五到十歲就會穿耳洞，嵌入細竹片或茅草莖，隨著年齡增長，逐漸加粗竹片跟茅草莖，直到耳洞變大到可以嵌入竹管。

紋面泰雅族女子

1910 年代，台灣原住民權威森丑之助工作團隊拍攝的紋面泰雅族女子的肖像。泰雅族中，女子需有織布的本領才有資格紋面，也才能傳承婦女紡織的責任。男子紋面會紋在額頭和下巴，女子則是紋在額頭及兩頰。紋面代表成年及其成就的標記，沒有紋面的族人無法得到其他族人的尊敬及認同，更無法婚嫁。另外，紋面還有一大意義就是以所紋圖紋來分辨家族譜系，將來好在彩虹橋上能與親人相認。

紋面泰雅族女子之側面

1910 年代，台灣原住民權威森丑之助工作
團隊拍攝的紋面泰雅族女子的肖像側面。

紋面泰雅族女子服飾造型

1910 年代，台灣原住民權威森丑之助工作團隊拍攝的紋面泰雅族女子服飾造型。泰雅族傳統服裝綜合了縫製式及披掛式服裝的形式，服飾顏色以紅色為主，泰雅族人認為暗紅色顏料有具有嚇阻惡鬼的作用，而紅色也象徵泰雅族人的積極進取之心和生命力。

紋面泰雅族女子服飾造型之側面

1910 年代，台灣原住民權威森丑之助工作
團隊拍攝的紋面泰雅族女子服飾造型之側
面。

排灣族女性漢化服飾造型之側面

1910 年代，台灣原住民權威森丑之助工作團隊拍攝的排灣族女性漢化服飾造型之側面。

排灣族女性漢化服飾造型

1910年代，台灣原住民權威森丑之助工作團隊拍攝的排灣族女性漢化服飾造型，衣領上為典型的唐裝排扣，成為排灣族女性的常服。

排灣族具有很高工藝技術能力，在建築營造、工具製作、設計編織上有傑出的表現。他們很能夠吸收外來文化，以提高本身的生產力。不同於日本殖民當局採取武力鎮壓，並強制原住民部落改變本身的信仰和習俗以同化於日本人，漢人與原住民之間雖然也有爭奪資源的局部流血衝突，但總體上更有著近三百年和平交流和通婚的歷史，從而有了原漢混血的平埔族，以及多種文化融合的表現形式。

排灣族貴族男子服飾造型之側面

1910 年代，台灣原住民權威森丑之助工作團隊拍攝的排灣族貴族男子服飾造型之側面。

排灣族貴族男子服飾造型

1910年代，台灣原住民權威森丑之助工作
團隊拍攝的排灣族貴族男子服飾造型。排灣
族傳統服飾，苧麻布料的原料是白色，後利
用天然植物染料，染出黑色、藏紅色、淺黃
色和青藍色等顏色。而服飾上面刺繡的圖紋
或點綴飾物，以紅、橙、黃、綠四種顏色為
主。飾品以珠貝、羽毛、獸牙、豹皮等製作，
排灣族的貴族傳統服飾以華麗著稱。

端莊大方的排灣族少女之側面

1910 年代，台灣原住民權威森丑之助工作
團隊拍攝的排灣族少女之側面。

端莊大方的排灣族少女與手紋文化

1910 年代，台灣原住民權威森丑之助工作
團隊拍攝的排灣族少女。排灣族的手紋稱為
vecik，是指排灣族婦女手背上的刺青。手
紋在不同部落的規定不同，有些部落不侷限
貴族，平民也可以紋手。女性紋手的原因可
能是因為美觀、可以顯示貴族身分、德性的
象徵、傳承家族的紋樣，或是展現家族的優
渥條件等，雖然動機多元，但主要還是用於
顯示家族和階級的標誌。

排灣族少女華麗頭飾造型

1910 年代，台灣原住民權威森丑之助工作團隊拍攝的排灣族少女華麗頭飾造型。排灣族最引人注目的是華麗的服裝與飾品，飾品會使用鮮花、羽毛、貝珠、獸牙、皮毛等，常見的還有琉璃珠、陶珠、貝殼飾、銅飾、硬幣等飾品。排灣族的服飾打扮與社會階層息息相關，許多飾物多限於貴族使用。

排灣族少女華麗頭飾造型之側面

1910 年代，台灣原住民權威森丑之助工作
團隊拍攝的排灣族少女華麗頭飾造型之側
面。

排灣族驍勇善戰勇士造型之側面

1910 年代,台灣原住民權威森丑之助工作
團隊拍攝的排灣族驍勇善戰勇士造型之側
面。

排灣族驍勇善戰之勇士造型

1910年代，台灣原住民權威森丑之助工作團隊拍攝的排灣族驍勇善戰之勇士造型。排灣族人天性具有不畏艱難，驍勇善戰的精神。排灣族人認為「獵人」不僅止於有能力獵殺野生動物，更代表一種在地知識文化、獨當一面的精神以及對自然萬物尊重的態度。照片中的男子耳戴大型耳飾，排灣族的男子，喜用鉛盤、貝類和竹管當作耳飾，以此為美的象徵。

戴耳飾的布農族女子造型

1910 年代，台灣原住民權威森丑之助工作
團隊拍攝的戴耳飾的布農族女子造型。布農
族耳飾男女有別，女子會用洋銀或黃銅做成
釣勾狀，有時會再加上貝殼、玻璃珠串連。

戴耳飾的布農族女子造型之側面

1910年代，台灣原住民權威森丑之助工作
團隊拍攝的戴耳飾的布農族女子造型之側
面。

布農族女性受漢人影響的服飾造型

1910 年代，台灣原住民權威森丑之助工作
團隊拍攝的布農族女性受漢人影響的服飾造
型。布農族女性衣服受漢人影響，日常服飾
以黑色、深藍為主，在胸前斜織色鮮圖豔的
織紋，而服裝上的織紋較多用黃、紅、黑、
紫四色交互搭配而成條紋。

布農族女性受漢人影響的服飾造型
側面

1910 年代，台灣原住民權威森丑之助工作
團隊拍攝的布農族女性受漢人影響的服飾造
型側面。

布農族叼菸斗的男子之一

1910 年代，台灣原住民權威森丑之助工作團隊拍攝的布農族叼菸斗的男子。布農族傳統工藝的風格水準與鄰近的泰雅族和鄒族相似，擅製木工、竹工等，竹管可以製成竹筒、竹杯、菸斗等，細竹則能製成竹笛、菸管等。菸斗在許多原住民族群皆可看到，差異在於材質、裝飾紋樣與技法的不同。

布農族叼菸斗的男子之二

1910 年代，台灣原住民權威森丑之助工作
團隊拍攝的布農族叼菸斗的男子。

阿里山鄒族纏頭巾的女子造型

1910 年代，台灣原住民權威森丑之助工作團隊拍攝的阿里山鄒族纏頭巾的女子造型。傳統鄒族男子衣服的材料大多以皮革為主，女子衣服則大多以棉布、絲或綢緞裁製而成，此外，已婚的鄒族女子平時還會在頭上纏繞黑色頭巾，有時候更會插上植物作為裝飾，或是穿戴彩色毛線球頭飾，甚至是將長菸草插在頭巾上。

阿里山鄒族纏頭巾的女子造型之側
面

1910 年代，台灣原住民權威森丑之助工作
團隊拍攝的阿里山鄒族纏頭巾的女子造型之
側面。

101

阿里山鄒族勇士造型

1910 年代，台灣原住民權威森丑之助工作
團隊拍攝的阿里山鄒族勇士造型。男子頭戴
皮帽，皮帽是利用兩片水瓢形軟鹿皮縫製而
成，有保護頭部的作用，平常不會戴上，通
常捲起扣在皮帶上，在鄒族男子接受成年禮
之後才能配戴。皮帽上會插上羽毛裝飾，用
於象徵男子的英勇。

阿里山鄒族勇士造型之側面

1910年代，台灣原住民權威森丑之助工作
團隊拍攝的阿里山鄒族勇士造型之側面。

阿里山鄒族的古典潮女造型

1910 年代，台灣原住民權威森丑之助工作
團隊拍攝的阿里山鄒族潮女造型。 阿里山
是台灣檜木集中的地帶，古木參天，野獸呼
嘯，充滿了神祕的色彩。鄒族彷彿也成了神
祕的高山民族。照片中的鄒族女孩容貌輪廓
鮮明，寬大厚實的頭巾十分具有特色，有如
古典的潮女造型。

阿里山鄒族的古典潮女造型之側面

1910 年代，台灣原住民權威森丑之助工作
團隊拍攝的阿里山鄒族潮女造型之側面。

鄒族勇士的古典型男造型

1910年代，台灣原住民權威森丑之助工作團隊拍攝的鄒族勇士的肖像。鄒族是天生獵人，體格壯碩，長途跋涉於山林之間。鄒族勇士頭戴皮帽，衣穿皮衣，呈現勇武古典型男的造型感，十分具有魅力。

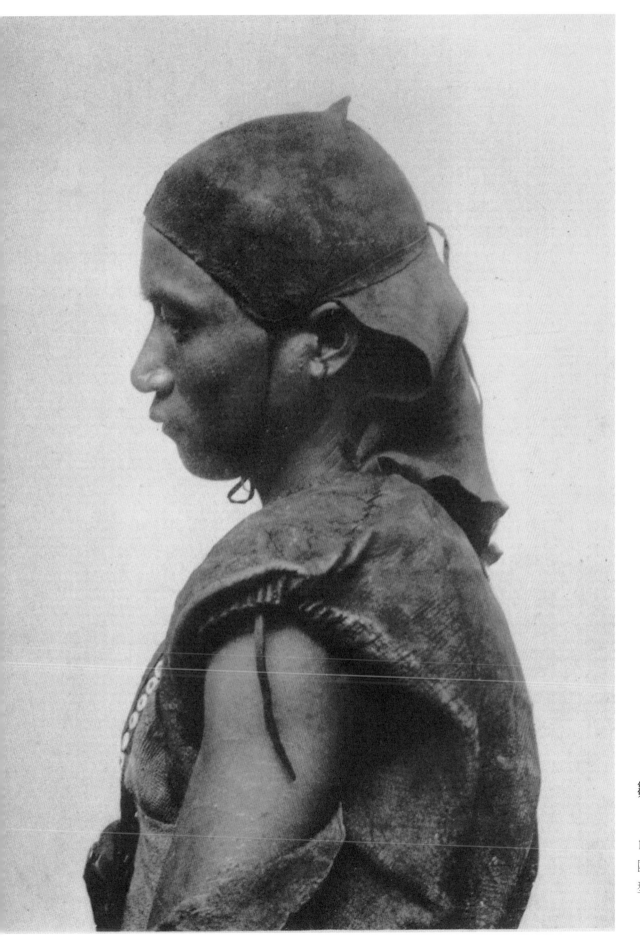

鄒族勇士的古典型男造型之側面

1910 年代，台灣原住民權威森丑之助工作
團隊拍攝的鄒族勇士肖像之側面，具有古典
型男的強烈造型感。

裸著上身的達悟族婦人

1910 年代，台灣原住民權威森丑之助工作
團隊拍攝的達悟族婦人。達悟族世居台灣外
海的蘭嶼島，當地氣候溼熱多雨，又因與海
洋共存為生，需下水捕魚，因此用布簡潔、
服裝也較為簡單。達悟族傳統，男子平時皆
是裸身赤腳，穿著丁字褲。而女性有時也是
裸著上身，照片中婦女古銅色的膚色，顯示
了人與自然共存的健康體魄。

裸著上身的達悟族婦人之側面

1910 年代，台灣原住民權威森丑之助工作
團隊拍攝的達悟族婦人之側面。

達悟族男女的超奇幻造型之背面

1910 年代，台灣原住民權威森丑之助工作團隊拍攝的達悟族男女超級奇幻造型之背面。

達悟族男女的超奇幻造型

1910年代，台灣原住民權威森丑之助工作團隊拍攝的達悟族男女造型。達悟族世居台灣外海的蘭嶼島，擅長造舟、航海和捕魚，以海洋為生，為典型的航海民族。由於接近熱帶地區，氣候炎熱，達悟族的服飾比其他原住民部落簡單，不過他們的頭飾造型卻非常獨特，尤其是男性頭上戴的銀盔，用於祭祀和慶祝上，十分搶眼，屬於超級奇幻的造型。乍看之下，會以為美國好萊塢系列電影「星際大戰」的一些人物設計是抄襲達悟族的。

HISTORY 83
閃 耀 台 灣 四

台灣近水部落

策畫執行　　　　徐宗懋圖文館
中文撰文　　　　徐宗懋
責任編輯　　　　陳萱宇
主編　　　　　　謝翠鈺
行銷企劃　　　　陳玟利
藝術總監　　　　陳怡靜
美術編輯　　　　鄭捷云
數位彩色復原　　李映彤、李旻頤、林胤彤、林芷萱

董 事 長　　　　趙政岷
出 版 者　　　　時報文化出版企業股份有限公司
　　　　　　　　108019 台北市和平西路三段 240 號 7 樓
　　　　　　　　發行專線：(02)2306-6842
　　　　　　　　讀者服務專線：0800-231-705
　　　　　　　　　　　　　　　(02)2304-7103
　　　　　　　　讀者服務傳真：(02)2304-6858
　　　　　　　　郵撥：19344724 時報文化出版公司
　　　　　　　　信箱：10899 台北華江橋郵局第 99 信箱
時報悅讀網　　　http://www.readingtimes.com.tw
法律顧問　　　　理律法律事務所　陳長文律師、李念祖律師
印刷　　　　　　勁達印刷有限公司
初版一刷　　　　2022 年 6 月 10 日
定價　　　　　　新台幣 480 元

缺頁或破損的書，請寄回更換

時報文化出版公司成立於 1975 年，並於 1999 年股票
上櫃公開發行，於 2008 年脫離中時集團非屬旺中，以
「尊重智慧與創意的文化事業」為信念。

閃耀台灣．四，台灣近水部落 / 徐宗懋圖文館作．--
初版．-- 台北市 ： 時報文化出版企業股份有限公司，
2022.06
　面 ；　公分．--（History ；83）
ISBN 978-626-335-424-1（精裝）

1.CST：台灣史　2.CST：台灣原住民族　3.CST：照片
集

733.21　　　　　　　　　　　　　　　　　111006927

ISBN 978-626-335-424-1
Printed in Taiwan